Las estrellas en el Museo de Ciencias

¿Qué ocurrirá?

Naomi Wells

T0014915

COMPUTACIÓN CIENTÍFICA EN EL MUNDO REAL™

Rosen
Classroom™

¿Has estado alguna vez en un museo de ciencias? Ahí puedes aprender sobre la naturaleza, el espacio y otras cosas.

Los museos enseñan ciencia a los visitantes con objetos y shows. ¿Cómo se enseña sobre el espacio en un museo?

Ciertos mapas muestran constelaciones, grupos de estrellas que parecen recrear una forma reconocible.

He aquí un mapa de las constelaciones. Muestra las distintas formas que tienen las agrupaciones de estrellas.

Este mapa es de un grupo de estrellas llamado Orión. Puedes utilizar el mapa para contar las estrellas que lo forman.

Este otro grupo de estrellas se llama Leo. ¿Cuántas estrellas lo forman?

Este espectáculo de estrellas se proyecta sobre el techo. Parece el cielo nocturno.

Puedes ver cómo las estrellas parecen cruzar el cielo a lo largo del año. ¿Qué aspecto tienen las estrellas aquí?

En esta tableta vemos estrellas fugaces. Las estrellas fugaces son fragmentos de polvo y rocas. Se llaman meteoros.

¿Qué sucede en el espacio?
Estos espectáculos y objetos
¡nos permiten ver de cerca las
estrellas y los planetas!

Palabras que debes aprender

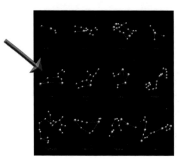 

(la)constelación (el) meteoro

(el) planeta   (la) estrella